BEI GRIN MACHT SICH IHR WISSEN BEZAHLT

- Wir veröffentlichen Ihre Hausarbeit, Bachelor- und Masterarbeit

- Ihr eigenes eBook und Buch - weltweit in allen wichtigen Shops

- Verdienen Sie an jedem Verkauf

Jetzt bei www.GRIN.com hochladen und kostenlos publizieren

Vera Vockerodt

Einsatz neuronaler Netze zur Mustererkennung

GRIN Verlag

Bibliografische Information der Deutschen Nationalbibliothek:

Die Deutsche Bibliothek verzeichnet diese Publikation in der Deutschen National-
bibliografie; detaillierte bibliografische Daten sind im Internet über http://dnb.d-
nb.de/ abrufbar.

Impressum:

Copyright © 2001 GRIN Verlag GmbH
Druck und Bindung: Books on Demand GmbH, Norderstedt Germany
ISBN: 978-3-638-69114-7

Dieses Buch bei GRIN:

http://www.grin.com/de/e-book/7231/einsatz-neuronaler-netze-zur-mustererken-
nung

GRIN - Your knowledge has value

Der GRIN Verlag publiziert seit 1998 wissenschaftliche Arbeiten von Studenten, Hochschullehrern und anderen Akademikern als eBook und gedrucktes Buch. Die Verlagswebsite www.grin.com ist die ideale Plattform zur Veröffentlichung von Hausarbeiten, Abschlussarbeiten, wissenschaftlichen Aufsätzen, Dissertationen und Fachbüchern.

Besuchen Sie uns im Internet:

http://www.grin.com/

http://www.facebook.com/grincom

http://www.twitter.com/grin_com

Einsatz neuronaler Netze zur Mustererkennung

Seminararbeit

am Institut für Wirtschaftsinformatik der Universität Hannover

vorgelegt von:

Vera Vockerodt

SS 2001

Hannover, 24. April 2001

Inhaltsverzeichnis

Abbildungsverzeichnis

Abkürzungsverzeichnis

bspw.	beispielsweise
et al.	und andere
etc.	et cetera
ff.	folgende
ggf.	gegebenenfalls
GPA	Gepäckprüfanlage
KNN	künstliches neuronales Netz
MHz	Megahertz
o. ä.	oder ähnliches
o. g.	oben genannt
SES	Spracherkennungssystem
u. a.	unter anderem
usw.	und so weiter
vgl.	vergleiche
z. B.	zum Beispiel

1   Einleitung

Der Mensch ist in der Lage, Gegenstände und Geräusche zu erkennen und zu identifizieren, auch wenn er diese noch nie zuvor gesehen oder gehört hat. Er erkennt sie nach bestimmten Mustern, die er im Laufe seiner Entwicklung gelernt und gespeichert hat. Während der Leser diese Zeilen liest, erkennt er in Sekundenbruchteilen die Buchstaben und Wörter, auch wenn diese in verschiedenen (unbekannten) Schriftarten oder -größen dargestellt sind. Das menschliche Gehirn ist zur Mustererkennung fähig.

Da der Mensch über eine begrenzte Informationsverarbeitungskapazität verfügt, liegt die Überlegung nahe, mit elektronischen Datenverarbeitungsanlagen (Computer) Mustererkennung nach menschlichem Vorbild durchzuführen.

Wie gut erkennt jedoch ein Computer ein unvollständiges Bild oder ein akustisches Signal, das von Rauschen überdeckt ist? Während der Mensch in der Lage ist, unvollständige Bilder zu komplettieren und Störgeräusche vom eigentlichen Signal zu trennen, steigen in diesen Fällen bei Computern die Fehlerraten bei der Mustererkennung sehr stark. Um dies zu verhindern, werden immer häufiger künstliche neuronale Netze (KNN) eingesetzt. KNN sind Netzsysteme für Computer, die Daten massiv parallel verarbeiten und zudem lernfähig sind. Das bedeutet, dass sie mit jeder Mustererkennung ihr Wissen erweitern und für zukünftige Einsätze verwenden. Die Fehlerraten bei der Mustererkennung unter Einsatz künstlicher neuronaler Netze sinken erheblich.

Die Entwicklung KNN begann bereits Ende der 50er Jahre. Es entstanden eine Vielzahl von Netzen, die zu erläutern den Rahmen dieser Seminararbeit sprengen würde. Daher werden unter 2.4 exemplarisch nur die am häufigsten eingesetzten Netztypen kurz erläutert.

Ziel dieser Arbeit ist, einen Überblick über Einsatzmöglichkeiten künstlicher neuronaler Netze zur Mustererkennung zu schaffen. Dazu werden zunächst die Grundlagen von KNN und der Mustererkennung erläutert, deren gemeinsamer praktischer Einsatz abschließend beispielhaft dargestellt wird.

2 künstliche neuronale Netze

2.1 Das Neuron: Ursprung in der Biologie

„[Künstliche] neuronale Netze können als technische Umsetzung der Gehirnfunktion verstanden werden." (HOFFMANN [1993, S. 1])

Das menschliche Gehirn besteht aus ca. 10^{11} Nervenzellen, von denen jede mit etwa hundert bis zehntausend anderen verbunden ist. Eine Nervenzelle – auch Neuron genannt – setzt sich aus einem Zellkörper, einem Axon (Nervenfaser) und den Dendriten zusammen.

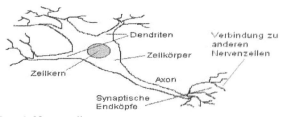

Abbildung 1: Nervenzelle
(Quelle: modifiziert o. V. Meile neuronale Netze. http://rfhs8012.fh-regensburg.de-/~saj39122/meile/indexG.htm, Druckdatum 03.03.2001)

Die Dendriten bilden Signaleingänge, die mit Ausgängen anderer Neuronen verknüpft sind. Das Axon ist als Signalausgang mit Dendriten anderer Nervenzellen verbunden. Die Verbindung zwischen dem Axon eines Neurons und den Dendriten eines anderen Neurons stellen die synaptischen Endköpfe (kurz Synapsen) her. Sie summieren die von den Neuronen kommenden elektrischen Eingangsimpulse und leiten sie (je nach Impuls) gehemmt oder verstärkt weiter. Dabei können die Synapsen ihre hemmende oder verstärkende (auch: erregende) Wirkung ändern, wodurch ihnen eine entscheidende Rolle im Lernvorgang zugewiesen wird. Wenn die summierten Eingabesignale einen gewissen Schwellenwert überschreiten, wird das Neuron aktiv und sendet über das Axon einen elektrischen Impuls an die nachgeschalteten Neuronen. (in Anlehnung an: BERNS, K./KOLB, T. [1994])

Analog zu den biologischen Vorbildern hat ein künstliches Neuron mehrere Eingänge, die den Dendriten entsprechen und einen Ausgang, der dem Axon entspricht. Die Verbindung von zwei künstlichen Neuronen bildet ein sogenannter Knotenpunkt, der einer Synapse ähnelt. Die Knotenpunkte bzw. Synapsen bilden Gewichtungen, über die ein Signal von einem Neuron gehemmt oder verstärkt an ein anderes Neuron weitergegeben wird. Erhält ein Neuron dieses gewichtete Signal, berechnet es daraus einen effektiven Eingangswert. Aus diesem ergibt sich mit Hilfe einer Aktivierungsfunktion der Aktivierungszustand des Neurons (aktiv oder inaktiv). Ist das Neuron aktiv, transformiert es den effektiven Eingangswert in einen Ausgangswert und sendet diesen an ein anderes Neuron. (vgl. HOFFMANN [1993, S. 14 ff.]) Die Transformation des Eingangswertes in einen Ausgangswert erfolgt durch verschiedene mathematische Funktionen. Es können auch mehrere Eingangswerte summiert werden, die erst bei Erreichen eines bestimmten Schwellenwertes dazu führen, dass ein Neuron aktiv wird. Eine übersichtliche Darstellung einiger mathematischer Beispiele finden sich in HOFFMANN [1993].

2.2 Das künstliche neuronale Netz: Grundlagen, Aufbau

Von außen gesehen unterscheidet sich ein KNN nicht von einem herkömmlichen Computer. Computer und KNN erhalten Daten von der Außenwelt, verarbeiten diese und geben Daten wieder an die Außenwelt aus. Unterschiedlich ist allerdings die Verarbeitung der Daten. Im herkömmlichen Computer werden Daten durch ihre Adresse identifiziert und nach streng logischen Abläufen verarbeitet, was durch einen zentralen Prozessor gesteuert wird. Unterstützt wird diese leicht überschaubare und planbare Verarbeitung durch Programme und Datenspeicher. In einem KNN existiert kein Programm, kein Datenspeicher[1] und kein Prozessor. Es arbeiten eine Vielzahl von Verarbeitungselementen (Neuronen) über unzählige Verbindungen zusammen, ohne dass sich einzelne Abläufe erkennen lassen. Diese parallele Verarbeitung führt einerseits zu einer extremen Leistungsfähigkeit, andererseits zur Undurchschaubarkeit und damit auch schlechter Planbarkeit von KNN. (siehe: HOFFMANN [1993])

Ein KNN funktioniert nach dem bekannten EVA-Prinzip – also Eingabe, Verarbeitung und Ausgabe von Daten – und ist in den meisten Fällen in Eingabe- (engl. Input Layer), Verarbeitungs- (engl. Hidden Layer) und Ausgabeschicht (engl. Output Layer) unterteilt. Es gibt jedoch auch einfache KNN, die nur aus Eingabe- und Ausgabeschicht bestehen. Die Verarbeitungsschicht wird oftmals als verdeckte Schicht bezeichnet. In jeder Schicht befinden sich mehrere Neuronen, die miteinander verknüpft sind und in verschiedenen Richtungen arbeiten können.

---

[1] Es gibt keinen Datenspeicher im herkömmlichen Sinne. Allerdings existieren Bestandteile im KNN, die bestimmen, welche Daten in der Ausgabeschicht erscheinen.

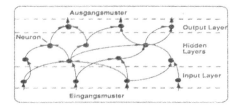

Abbildung 2: Künstliches neuronale Netz
(Quelle: RIGOLL [1994, S. 3])

Das Zusammenspiel und die Anzahl der Schichten charakterisiert verschiedene Netztypen. In Anlehnung an HEUER [1997, S. 8 ff.] lassen sich zum einen ein- und
mehrschichtige Netze (englisch: single layer und multilayer Network) und zum anderen vorwärts- und rückwärtsgerichtete Netze unterteilen. Bei vorwärtsgerichteten
Netzen ohne Rückkopplung, auch Feedforward Netze genannt, sind die einzelnen
Schichten nur in einer Richtung verknüpft, so dass ein Neuron einer Schicht die Ak-
tivitäten einer vorgelagerten Schicht nicht beeinflussen kann. Können Neuronen dagegen andere Neuronen der gleichen oder einer vorgelagerten Schicht beeinflussen,
wird das KNN als rückgekoppeltes Netz bezeichnet (auch: Feedback Netz). Die Eingabewerte können den Aktivierungszustand der Neuronen in der Eingabeschicht in
den Zustand der Erregung versetzen, so dass auch die Neuronen der nachfolgenden
Schichten aktiviert werden. Durch die Rückkopplung beeinflussen sich die Neuronen
des KNN untereinander, bis sie, bedingt durch die Gewichtungen und Funktionen,
einen Ruhezustand erreichen. Dann kann das Ergebnis des KNN bestimmt werden.
Erreicht ein KNN den Ruhezustand nicht, kann es die Eingabewerte nicht verarbeiten. In diesem Fall tritt ein weiteres entscheidendes Merkmal von KNN in Kraft: die
Fähigkeit des Lernens.

2.3   Lernfähigkeit

2.3.1   überwachtes Lernen

Das Lernen künstlicher neuronaler Netze ist dem menschlichen Lernen nachempfun-
den und wird unterteilt in überwachtes und unüberwachtes Lernen. Wie SPECK-
MANN [1996] sehr anschaulich darstellt, ist die Form des überwachten Lernens ver-
gleichbar mit der Art und Weise, wie der Mensch unter Anleitung eines Trainers
komplexe Bewegungsabläufe lernt. Fehler in der Bewegung werden vom Trainer
korrigiert, bis sie minimiert sind und der Bewegungsablauf perfektioniert worden ist.

Im KNN wird der gewünschte Ausgabewert mit der tatsächlichen Ausgabe verglichen. Daraus wird ein Fehler berechnet, der im Laufe des Lernvorgangs minimiert
wird. Dieser Fehler wird nach der sogenannten Delta-Regel berechnet: die Differenz
zwischen den Eingabe- und Ausgabewerten wird als quadratischer Fehler bestimmt,
der bei einfachen Eingabewerten eine Parabel ergibt und die Veränderung der Gewichtungen bestimmt. Um den Fehler zu minimieren (im Optimum beträgt der Fehler Null, so dass Ein- und Ausgabewerte übereinstimmen, also ein Muster genau erkannt wurde), soll durch Iteration das Minimum der Parabel erreicht werden. Aus der
Ableitung des quadratischen Fehlers ergibt sich dann die Formel der Delta-Lernregel
(anschaulich in: RIGOLL, G. [1994, S. 72ff.]). Das KNN lernt hierbei nicht nur das
erfolgreiche Erkennen von Eingabewerten, sondern auch die Systematik der Trainingsphase, so dass das KNN die gelernten Gewichtungen auch auf völlig neue Muster anwenden kann.

2.3.2   unüberwachtes Lernen

Das unüberwachte Lernen der KNN entspricht dem menschlichen Lernen während
der normalen Entwicklung (vgl. SPECKMANN [1996, S.8]): Kinder nehmen viele
Reize aus der Umwelt auf, die im Gehirn selbständig organisiert werden. Im Laufe
des Lebens nimmt die Lernfähigkeit ab und die zahlreichen im Gehirn gespeicherten
generalisierten Modelle werden zur Mustererkennung verwendet.

In der Lernphase werden in das KNN wiederholt Daten eingegeben. Aufgabe des
KNN ist es, die Daten selbstorganisierend zu ordnen. Dabei bestimmt eine Lernrate
die Veränderlichkeit der Neuronen, also den bereits unter 2.1 genannten Aktivierungszustand. Während zu Beginn des Lernprozesses alle Neuronen in den Ord-
nungsprozeß integriert sind, nimmt im Laufe des andauernden Lernprozesses die
Lernrate ab und nur ein Teil der Neuronen wird aktiviert. Ziel des Lernvorgangs ist
die Generalisierung der Eingabedaten.

Die älteste und bekannteste Lernregel für KNN ist die Hebb'sche Lernregel. Sie be-
sagt, dass sich die Gewichtung zwischen zwei Neuronen um so stärker ausprägt, je
erregter der Aktivierungszustand der beiden Neuronen ist. Betrachtet man z.B. ein
einfaches KNN mit nur einer Eingabe- und einer Ausgabeschicht, sind die Neuronen
der beiden Schichten verbunden. Enthält ein Eingangsneuron laufend große Werte

und soll das verbundene Ausgangsneuron ebenfalls große Werte erzeugen, wird die Hebb'sche Lernregel dazu führen, dass die Gewichtung zwischen den beiden Neuronen bei jedem neuen Signaleingang verstärkt wird. Die Lernregel umfaßt lediglich einen einzigen Rechenschritt, was den Vorteil hat, dass das KNN schnell zum gewünschten Ergebnis kommt. Allerdings erfordert dies auch eine sehr einfache Netzstruktur und einige Beschränkungen in den Ein- und Ausgabewerten, um nicht zu einem unerwünschten Ergebnis zu gelangen.

2.4 Netztypen

Im Laufe der Zeit wurde eine Vielzahl von KNN entwickelt. Es gibt jedoch für alle drei gemeinsame Komponenten: die Verarbeitungselemente (Neuronen), die parallele Verbindung der Neuronen und Schemata zur Gewichtung dieser Verbindungen. Im Hinblick auf diese übereinstimmenden Komponenten beschränke ich mich auf die Darstellung einzelner Netztypen, die in den folgenden Einsatzbeispielen verwendet werden.

Das Perceptron ist eines der ältesten KNN und wurde 1958 von Frank ROSEN-BLATT entwickelt. Es ist das einfachste KNN und besteht in der Regel aus drei Schichten, die vorwärtsgerichtet verbunden sind. Es arbeitet mit der überwachten Delta-Lernregel und ist für eine einfache Musterklassifizierung geeignet. Für kompliziertere Musterklassifizierungsaufgaben genügt die vorwärtsgerichtete Verarbeitung des Perceptrons nicht aus: das Multilayerperceptron bietet hier mehr Einsatzmöglichkeiten. Es besteht aus mehreren Schichten, die auch verdeckte Schichten beinhalten. Der Nachteil der Delta-Regel ist, dass ein Fehler in einer verdeckten Schicht nicht einem einzelnen Neuron zugeordnet werden kann. Es wird daher die sogenannte Backpropagationsregel eingesetzt, die den Fehler rückwärts durch das Netz beseitigt. Multilayerperceptrons werden daher auch oftmals als Backpropagationperceptrons bezeichnet. (siehe: ALEX [1998])

Das Neoperceptron ist eine Variation des Multilayerperceptrons. Der entscheidende Unterschied zwischen den beiden Netztypen ist die globale bzw. lokale Verbindungsstruktur zwischen den Neuronen jeder Schicht. Während beim Multilayerperceptron jedes Neuron einer Schicht mit jedem Neuron der nächsten Schicht verbunden ist (globale Netzstruktur), ist beim Neoperceptron jedes Neuron einer Schicht nur mit den benachbarten Neuronen der nächsten Schicht verbunden. Dadurch werden von Schicht zu Schicht komplexere Merkmale extrahiert und Probleme bei Verzerrungen oder verschobenen Daten besonders in der Bildverarbeitung verringert. (vgl. NEUBAUER [1995])

1982 entwickelte Teuvo KOHONEN selbstorganisierende Karten, die auch KOHONEN-Netze genannt werden. Entscheidendes Merkmal ist das unüberwachte Lernverfahren. Die Neuronen der einzelnen Schichten organisieren ihre Gewichtungen selbst, wobei benachbarte Neuronen stärkere Verbindungen bilden. Da die Neuronen zweidimensional angeordnet sind, nennt man diese Netztypen Karten. Sie können u.a. sowohl in der Bild- als auch in der Sprachverarbeitung eingesetzt werden. (in Anlehnung an: ALEX [1998])

Netze, die mit Neuronen höherer Ordnung ausgestattet sind, bieten die Möglichkeit Invarianz gegenüber Verschiebung, Drehung oder Skalierung einzubauen. Während der Trainingsphase muß jedes zu erkennende Objekt nur in einer Positionierung aufgenommen werden, was die Trainingsphase verkürzt und die Ergebnisse verbessert. (vgl. HOFFMANN [1993])

3   Einsatz zur Mustererkennung

3.1   Grundlagen der Mustererkennung

Gemäß NIEMANN [1974, S. 2-4] beschäftigt sich die Mustererkennung mit den mathematisch-technischen Aspekten der automatischen Verarbeitung und Auswertung von Mustern und wird in die Klassifikation einfacher und die Analyse komplexer Muster unterteilt. Klassifikation bedeutet, dass ein (einfaches) Muster als Ganzes betrachtet genau einer Klasse zugeordnet wird. Daraus ergibt sich eine Definition für ein einfaches Muster: „Ein Muster wird als einfach bezeichnet, wenn den Anwender nur der Klassenname interessiert und wenn es möglich ist, es als Ganzes zu klassifizieren." (NIEMANN [1974, S. 6]) Beispiele für die Klassifikation einfacher Muster ist die Zuordnung von handgeschrieben Zahlen zu den Klassen 0 bis 9 oder die Zuordnung isoliert gesprochener Worte (das Wort „Haus" von verschiedenen Personen gesprochen wird immer der Klasse „Haus" zugeordnet).

Bei der Analyse komplexer Muster wird jedem Muster eine individuelle Beschreibung zugeordnet, da „ein Muster [...] als komplex betrachtet [wird], wenn dem Anwender die Angabe eines Klassennamens nicht genügt oder wenn die Klassifikation als Ganzes nicht möglich ist." (NIEMANN, [1974, S.9]) Das automatische Verstehen zusammenhängend gesprochener Sprache oder die Auswertung von Bildern der Erdfernerkundung gehören beispielsweise zur Analyse komplexer Muster.

RIGOLL [1994, S. 50ff.] benutzt als Oberbegriff anstelle der Mustererkennung den Begriff der Musterverarbeitung und unterteilt diesen in vier mögliche Einsatzgebiete von KNN:

1. Mustererkennung:

    Ein Eingangsmuster wird innerhalb des KNN durch einen Klassifizierungsvektor derart verarbeitet, dass es in der Ausgabeschicht genau einer Klasse zugeordnet wird. Hierbei werden meistens Feedforward-Netze verwendet, die mit Beispielen von Eingangsmustern und der entsprechenden Klassenzugehörigkeit darauf trainiert werden, den richtigen Klassifizierungsvektor zu konstruieren. Verwendet wird diese Methode u.a. häufig in der Sprach- und Bilderkennung, Diagnose und Qualitätskontrolle.

2. Musterzuordnung:

    Ein Eingangsmuster soll nicht einer Klasse sondern einem Ausgangsmuster zugeordnet werden. Dies geschieht über Transformationsfunktionen in dem KNN, so dass ein Eingangsmuster derart reduziert wird, dass es einem bestimmten Ausgangsmuster entspricht. Für diese Trainingsform werden ebenfalls häufig Feedforward-Netze eingesetzt. Anwendungsbereich ist z.B. die Filterung, also die Transformation eines verrauschten Signals in ein gefiltertes, d.h. rauschfreies Signal in der Sprachverarbeitung.

3. Mustervervollständigung:

    Ein unvollständiges Eingangsmuster wird durch Generierung im KNN dem am ähnlichsten gespeicherten Muster zugeordnet. Das KNN übernimmt damit die Funktion eines Assoziativspeichers[1], wobei ausschließlich Feedback-Netze verwendet werden. Besonders in der Gesichtserkennung findet diese Form Anwen-

---

[1] Def.: Assoziativspeicher: „Ein Speicher, der nicht durch seine Adresse, sondern durch einen Teil seines Inhalts [...] angesprochen wird." (HOFFMANN [1993, S. 194])

dung (bspw. dienen nur die Augen eines Menschen als Eingangsmuster und das KNN findet das zugehörige gesamte Gesicht).

4. Mustereinteilung bzw. Musterclustering:

Ähnlich wie bei der Klassifikation werden Eingangsmuster Klassen zugeordnet. Allerdings werden die Klassen vom KNN selbst organisiert. Das Training erfolgt allein durch verschiedene Eingangsmuster. Eingesetzt werden hierbei nur wenige Netzwerktypen wie z.B. selbstorganisierende Karten. Die Anwendungsgebiete reichen von der Spracherkennung bis zur Robotik.

Die Unterscheidung von RIGOLL läßt sich in die von NIEMANN eingliedern: die Punkte 1. (Mustererkennung) und 4. (Musterclustering) fallen unter den Bereich Klassifikation und die Punkte 2. (Musterzuordnung) und 3. (Mustervervollständigung) unter den Bereich Analyse. Im weiteren wird daher der Begriff Mustererkennung als Oberbegriff benutzt und umfaßt alle vier o.g. Punkte. Dabei wird weiterhin die Unterscheidung in Klassifikation und Analyse beibehalten.

3.2   Mustererkennungssystem

Ein Mustererkennungssystem läßt sich wie folgt aufbauen:

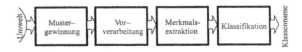

Abbildung 3: Mustererkennungssystem (JIANG [1997, S. 4])

Ein Mustererkennungssystem kann auch anders aufgebaut sein; es hängt jeweils von den verschiedenen Anwendungsbereichen und den zu lösenden Aufgaben ab. Zum grundsätzlichen Verständnis zeigt Abbildung 3 jedoch die wesentlichen Verarbeitungsschritte, die zur typischen Mustererkennungsaufgabe der Klassifikation notwendig sind.

Die Mustergewinnung fällt je nach Anwendungsbereich unterschiedlich aus. So können Sprachmuster über Mikrofone aufgezeichnet werden, Bildmuster über z.B. Digitalkameras etc. In der Vorverarbeitung werden je nach Notwendigkeit Störeinflüsse reduziert oder Muster in eine für die weitere Verarbeitung geeignetere Form transformiert. Entscheidender Punkt bei der Mustererkennung ist die Merkmalsextraktion. Bei einfachen Mustern ist es nicht schwer, Merkmale festzulegen, anhand derer ein Muster einer Klasse eindeutig zugeordnet werden kann. Mit steigender Komplexität der Muster wird aber auch die Merkmalsfindung schwieriger. Innerhalb der Schritte Mustergewinnung und Klassifikation setzen die KNN mit den o.g. Lernverfahren an, die je nach Aufgabe gewählt werden. (vgl.: JIANG [1997, S. 4-5])

3.3   KNN und Mustererkennung

KNN können in vielen Gebieten der Mustererkennung eingesetzt werden. Die Haupteinsatzgebiete sind die Bild-, Sprach- und Schriftverarbeitung. Die Bildverarbeitung ist eines der wichtigsten Anwendungsgebiete der KNN. Sie kann in folgende Bereiche aufgeteilt werden:

- Einsatz von Assoziativspeichern zur Identifikation von Elementen in Bildern
- Einsatz von Multilayer Perceptrons zur Klassifizierung von Bildern oder Bildteilen

Für beide Bereiche habe ich Anwendungsbeispiele aus der Praxis aufgeführt. Die Erkennung von menschlichen Gesichtern läßt sich in die Bildverarbeitung einordnen. Sie erfolgt mit Hilfe verschiedener KNN, was beispielhaft im Folgenden erläutert wird.

Die Verarbeitung gesprochener Sprache ist ein weiteres Anwendungsfeld für KNN. Bei einer beschränkten Erkennungsaufgabe, aber vielfältigen und komplizierten Mustern wie z.B. der sprecherunabhängigen Einzelworterkennung, sind KNN sehr leistungsfähig. Es werden häufig Multilayer Perceptrons eingesetzt, um die Mensch-Maschine-Kommunikation zu verbessern. Das Mikrofon wird dadurch zu einer weiteren Eingabemöglichkeit neben Tastatur und Maus. Auch hierzu habe ich Anwendungsbeispiele aus der Praxis aufgeführt.

Im abschließenden praktischen Beispiel erläutere ich den Bereich der Schrifterkennung. Darunter fällt die Erkennung von gedruckten Ziffern, die Handschrifterkennung und die Unterschriftenverifikation. Für diese eher einfachen Muster werden ebenfalls Multilayerperceptrons eingesetzt. (siehe: RIGOLL [1994, S. 231 ff.])

Weitere Anwendungsmöglichkeiten von KNN in der Mustererkennung sind Diagnosefunktionen in der Medizin, Signalverarbeitung im Militär (Einsatz bei Radar, Sonar), in der Erdfernerkundung und in der Industrie (im Rahmen der Qualitätssicherung und Fertigungsüberwachung usw.). Diese wurden hier jedoch nicht näher erläutert. (vgl. SHAPIRO [1992, S. 1126 ff.])

3.4   Anwendungsbeispiele aus der Praxis

3.4.1 Bildverarbeitung

3.4.1.1 automatische Sichtprüfung bei Gepäckprüfanlagen

In Flughäfen wird das Gepäck der Passagiere mit sogenannten Gepäckprüfanlagen (kurz: GPA) im Hinblick auf gefährliche Objekte wie z.b. Waffen zur Sicherheit im Flugverkehr untersucht. Dabei werden mit Hilfe von Röntgenstrahlen die Gepäckstücke durchleuchtet und deren Inhalt in Form von Grauwertbildern auf einem Monitor dargestellt. Flughafenpersonal wertet diese Bilder aus. Zur Entlastung des Bedienpersonals wurde von VEY und BERMBACH [1991] ein lernfähiges Objekterkennungssystem entwickelt, das die Einstufung in gefährliche und ungefährliche Objekte übernehmen soll.

Die beim Röntgen aufgefangenen Signale werden elektronisch aufgearbeitet und liefern pro Gepäckstück zwei Bilder: ein Lumineszenzbild, das helle Schattierungen bei leichter Durchlässigkeit (z.B. Stoffutter des Koffers) und dunkle bei schwacher Durchlässigkeit (z.B. metallene Gegenstände) der Röntgenstrahlen darstellt und ein Materialbild, das organische (dunkel) und anorganische (hell) Stoffe darstellt. Mit Hilfe dieser beiden Bilder soll nun anhand fest definierter geometrischer Formen die Gefährlichkeit von Objekten ermittelt werden.

Das System wird folgendermaßen aufgebaut:

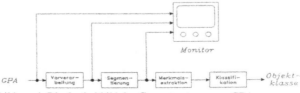

Abbildung 4: Blockschaltbild des Gesamtsystems von GPA
(Quelle: VEY/BERMBACH [1991])

Nach der Digitalisierung erfolgt zunächst eine Vorverarbeitung der Bilddaten, bei der Mittel zur Rauschunterdrückung oder Kontrastanhebung eingesetzt werden (die hier nicht weiter vertieft werden). Anschließend wird eine Segmentierung des Lumineszenzbildes durchgeführt, um die zu erkennenden Objekte vom Hintergrund zu trennen. Danach wird jedes einzelne Objekt mit Hilfe der Merkmalsextraktion untersucht, wobei mit möglichst wenigen charakteristischen Werten die Eigenschaften des Objektes bestimmt werden. Die Merkmale müssen dabei derart gewählt werden, dass Objekte, zwischen denen keinerlei Gemeinsamkeiten existieren, stark voneinander abweichende Merkmale hervorrufen. Ebenso müssen sehr ähnliche Objekte auch nur geringe Unterschiede in der Merkmalen hervorrufen. Schließlich nimmt der Klassifikator eine endgültige Zuordnung des Objektes anhand der zuvor extrahierten Merkmal vor. Für den Klassifikator wird ein KNN eingesetzt und zwar ein Multilayerperceptron mit zwei verdeckten Schichten. Die optimale Größe des Netzes hängt von der Komplexität der Anwendung ab und umfaßt hier 50 Neuronen in der ersten und 40 Neuronen in der zweiten versteckten Schicht. Die Anzahl der Neuronen in der Eingangsschicht richtet sich nach der Anzahl der Merkmale und in der Ausgabeschicht nach der Anzahl der zu unterscheidenden Objektklassen.

Das KNN erzielte innerhalb der Lernphase schnelle Erfolge: „da maximal 6 Darstellungen der Gegenstände in unterschiedlichen Orientierungen trainiert werden mußten, um später die exakte Zuordnung der Objekte in beliebigen Lagen garantieren zu können". (VEY/BERMBACH [1991, S. 452]) Eine Adaptierung des Systems an eine neue Aufgabenstellung ist sehr leicht zu erreichen, da das System die erforderliche Sensibilität der Auswertung durch die entsprechende Struktur der Lerndaten erlangt.

3.4.1.2 Fehlererkennung an Oberflächen von Werkstücken

In der Industrie - insbesondere in der Fertigung - können KNN zur Qualitätsprüfung eingesetzt werden. LILIENBLUM/GÜNTHER et al. [1998, S. 515 ff.] berichten über den Einsatz von modifizierten Assoziativspeichern zur Fehlererkennung der Oberflächenform von Autotüren. Zur Verallgemeinerung wurde anstelle des Begriffs „Autotüren" der Begriff „Werkstück" verwendet, da diese Methode auf eine Vielzahl von Produkten anwendbar ist.

Werkstücke werden mit Hilfe von optischen bzw. mechanischen 3D-Meßtechniken auf Produktionsfehler überprüft. Dazu wird ein sogenanntes fehlerfreies Meisterstück vermessen, das mit den zu prüfenden Werkstücken verglichen wird. Abweichungen zwischen Meßdaten der Prüf- und Meisterstücke stellen Fehler dar. Problematisch bei dieser Methode ist die Notwendigkeit der genauen Justierung der Werkstücke, da bei ungenauer Justierung Abweichungen entstehen, die keine Produktionsfehler darstellen. Die Genauigkeit der Justierung ist oftmals jedoch nur mit sehr großem Aufwand zu erreichen.

Um dies zu verhindern, wird ein KNN - hier ein modifizierter Assoziativspeicher - eingesetzt. In der Lernphase werden mehrere Meisterstücke in verschiedenen Positionen und Variationen vermessen und die Meßdaten im KNN erfaßt. Bei geringen Abweichungen, die jedoch nicht als Fehler deklariert werden, muß ggf. eine Vorverarbeitung der Meßdaten mit Korrekturen erfolgen. Nachdem die korrekten Meßdaten für diverse Positionierungen der Meisterstücke im KNN gespeichert sind, werden die zu prüfenden Werkstücke gemessen und die Daten in das KNN eingegeben. In der Recallphase wird entsprechend der Gewichtungen des KNN aus den eventuell fehlerhaften Meßdaten ein Meisterstück generiert und die Differenz zwischen geprüftem Werkstück und Meisterstück in der Ausgabeschicht des KNN präsentiert. Die Klassifikation der ausgegebenen Differenz kann nun leicht durch eine einfache Entscheidung zwischen „in Ordnung" und „nicht in Ordnung" erfolgen.

Das hier verwendete KNN besteht aus drei Schichten: Eingabe-, Ausgabe- und versteckter Schicht, wobei die Anzahl der Neuronen in der Eingabe- und Ausgabeschicht gleich ist. Zur detaillierten Angabe der verwendeten Formeln siehe LILIENBLUM/GÜNTHER et al. [1998, S. 518].

3.4.1.3 Gesichtserkennung

Die Gesichtserkennung ist die erstaunlichste Fähigkeit des menschlichen Gehirns in Bezug auf die Mustererkennung. Ein Gesicht kann sich auf unzählige Arten verändern und wird vom Gehirn (im Normalfall) trotzdem wiedererkannt. Sei es die Veränderung durch zeitliche Entwicklung (Altern, Gewichtsveränderung), verschiedenste Ausdrucksformen der Mimik, persönliche Merkmale wie Brille, Frisur, Bart etc., Änderungen in der Beleuchtung, unterschiedliche Perspektiven usw. Um ein KNN zur Gesichtsidentifikation einzusetzen, müssen diese Veränderungen berücksichtigt werden.

NEUBAUER [1995] vergleicht den Einsatz unterschiedlicher Klassifikatoren, u.a. den Einsatz von dreischichtigen Multilayerperceptrons, selbstorganisierenden Karten und einem Neoperceptron. Die mit Hilfe einer Videokamera empfangenen Bilddaten werden zunächst in die Bereiche Hintergrund und das eigentliche Gesicht segmentiert; erst danach beginnt die Identifizierung des Gesichts. Das Multilayerperceptron verfügt über eine dreischichtige vorwärtsgekoppelte Netzstruktur und wendet ein überwachtes Lernverfahren an (siehe 2.3.1 und 2.4). In der Eingangsschicht befinden sich 1024 Neuronen. In der Ausgangsschicht entspricht die Anzahl der Neuronen der Anzahl der zu unterscheidenden Personen. Die selbstorganisierenden Karten sind wie das Multilayerperceptron aufgebaut, unterscheiden sich allerdings im Lernverfahren: in der ersten verdeckten Schicht wird ein unüberwachtes Lernverfahren eingesetzt. Das Neoperceptron besteht aus vier Schichten, wobei die verdeckten Schichten komplett unüberwacht lernen. Alle Netze werden mit einer großen Stichprobe trainiert (ca. 1000 Gesichter) und geben in der Ausgangsschicht dem Eingangsbild am stärksten ähnelnden Bild aus. Hierbei wird hauptsächlich anhand der Merkmale Auge, Mund und Nase sowie einer Gesamtgestalt unterschieden. Betrachtet wurden hierbei zwei Datensätze: ein standardisierter Datensatz, in dem sämtliche Gesichter mit gleichem Hintergrund und in etwa gleicher Positionierung aufgenommen wurden und ein nichtstandardisierter Datensatz, in welchem unterschiedlicher Hintergrund und verschiedene Gesichtspositionierungen verwendet wurden.

Im Ergebnis liegt die Erkennungsleistung für 18 betrachtete Gesichter mit Training des nichtstandardisierten Datensatzes beim Neoperceptron bei rund 40%, bei der selbstorganisierenden Karte bei rund 30% und beim Multilayerperceptron bei nur ca. 5%. Das Ergebnis ist keinesfalls zufriedenstellend. Um eine Verbesserung zu erreichen, müßten die Trainingsdaten erheblich erhöht werden. Allerdings liegen sie im beschrieben Fall für 18 zu erkennende Gesichter bereits bei ca. 1000 Bildern.

Genau diesen Nachteil der sehr großen Trainingsstichprobe kritisieren UWECHUE und PANDYA [1997] und untersuchen die Gesichtserkennung mit Hilfe von KNN dritter Ordnung. Bei diesen „third-order" Netzen ist der Umfang der Trainingsdaten erheblich kleiner, da jedes zu erkennende Gesicht nur in **einer** Position eingegeben werden muß. Das Ergebnis ist gut: 75% der Gesichter wurden richtig erkannt; nachdem Bärte, Brillen und andere persönliche Merkmale in die Trainingsdaten mit aufgenommen wurden, erreichte das KNN eine Erkennungsquote von 96%.

3.4.2 Sprachverarbeitung

Die automatische Spracherkennung umfaßt folgende Einsatzgebiete:

1. Spracherkennung zur Textverarbeitung
2. Spracherkennung zur Steuerung und Befehlseingabe
3. Spracherkennung zur Verifikation

Während in den ersten beiden Gebieten die Erkennung des Inhaltes der gesprochenen Worte im Vordergrund steht, ist die Verifikation eine Bestimmung des Sprechers und seine Identifizierung. (in Anlehnung an: SCHUKAT-TALAMAZZINI [1995, S. 3ff]) Hierbei werden die akustischen Signale mit gespeicherten Signalen verglichen. Bei Übereinstimmung ist die Verifikation erfolgt. Beispiele in der Praxis sind Sicherheitssysteme, die nur berechtigten Personen den Zutritt zu Gebäuden oder Räumen gewähren, wenn sich diese über ihre Stimme identifiziert haben.

Bei der Spracherkennung zur Textverarbeitung und zur Steuerung und Befehlseingabe ist der Aufbau des Spracherkennungssystems (kurz: SES) komplexer. Besonders ein SES zur Textverarbeitung benötigt einen großen Wortschatz und eine schnelle Verarbeitung der über ein Mikrofon eingegebenen Worte. Dagegen ist der Wortschatz zur Steuerung und Befehlseingabe auf wenige Worte beschränkt.

GRAUEL, GRUNDMANN und STORK [1993, S. 663 ff.] untersuchten ein Spracherkennungssystem mit einem Multilayerperceptron zur Erkennung sprecherunabhängiger Einzelwörter. Sprecherunabhängigkeit bedeutet, dass ein von verschiedenen Menschen gesprochenes Wort richtig klassifiziert wird. In der Trainingsphase wurde jedes Wort von vier verschiedenen Sprechern in das KNN eingegeben, wobei die Eingangssprachsignale auf ein einheitlich langes Format gebracht wurden.

Im Ergebnis betrug die richtige Zuordnungsquote nach 150 Lerndurchgängen mit 10 langen Wörtern bereits 97,5%. Diese Trainingsphase dauerte mit einem 386'er PC 30 Minuten. In Anbetracht der Tatsache, dass die heutigen Computer wesentlich schneller geworden sind, ist der Zeitbedarf dieses SES ein unkritischer Parameter.

Eine hervorragende Einführung in die Grundlagen der Spracherkennung findet sich auf der Internetwebsite: www.spracherkennung.de/service/sebuch.htm. Die Besonderheiten der Linguistik, der vielfältigen Bedeutungen gesprochener Sprache (bspw. Meer und mehr) sowie deren Umsetzung in korrekten Text wird hier umfassend erläutert. Dabei wird das Spracherkennungssystem ViaVoice von IBM exemplarisch vorgestellt. Im Jahre 2000 sind die wichtigsten Hersteller von Spracherkennungssystemen:

- Dragon Systems Inc.
- IBM
- Lernout&Hauspie
- Philips

3.4.3 Schriftverarbeitung

Zur Schriftverarbeitung gehört die Erkennung von gedruckten Ziffern, die Handschrifterkennung und die Unterschriftenverifikation. Die Erkennung von gedruckten Ziffern ist verhältnismäßig einfach, da die gleichen Ziffern mehrfach gedruckt kaum voneinander abweichen. Die Handschrifterkennung ist dagegen umfassender, da Handschriften sehr unterschiedliche Ausprägungen derselben Ziffern bieten können. HENKEL und KRESSEL [1992, S. 353 ff.] untersuchten handschriftliche Ziffernerkennung mit Hilfe von Multilayerperceptrons. Dazu werden handgeschriebene Ziffern von Null bis Neun von verschiedenen Personen geschrieben und in das KNN eingespielt.

Abbildung 5: Rasterbilder für Ziffernerkennung
(Quelle: HENKEL und KRESSEL [1992, S. 355])

Untersucht wurde einerseits, wie gut das Multilayerperceptron die gegebene Lernstichprobe in die 10 Klassen separieren und andererseits wie gut das trainierte KNN neue und unbekannte Muster klassifizieren kann. Im Ergebnis ist die einfache Klassifizierungsleistung des KNN gut; die Fehlerrate liegt bei unter einem Prozent. Die Generalisierung, d.h. die Klassifizierung neuer, unbekannter Muster nach dem gelernten Schema erzeugte jedoch relativ hohe Fehlerraten, so dass die Lernstichprobe auf 1000 Muster pro Klasse ausgeweitet wurde. Die Ergebnisse wurden dann zwar verbessert, die Verarbeitungsdauer war jedoch sehr lang.

An diesem Beispiel einer einfachen Musterklassifikationsaufgabe wird bereits ersichtlich, dass die Verarbeitung von ganzen Wörtern oder Sätzen um einiges komplexer ist. Besonders die Handschriftenverifikation wird mit Multilayerperceptrons nicht zu lösen sein. Der Einsatz von flexibleren KNN, wie z.b. Netzen höherer Ordnung, ist hier ratsam.

4   Schlussbetrachtung

4.1   Zusammenfassung

Die Einsatzmöglichkeiten künstlicher neuronaler Netze zur Mustererkennung sind weitreichend und vielseitig und befinden sich in ständiger Weiterentwicklung. Daher konnte hier nur ein eingeschränkter Überblick über die Haupteinsatzgebiete zur Mustererkennung geschaffen werden, der nicht den Anspruch auf Vollständigkeit stellen kann. Jedoch wurden die Grundlagen der Funktionsweise und Charakteristika von KNN und von der Mustererkennung dargestellt und einige praktische Einsatzmöglichkeiten veranschaulicht.

4.2   Beurteilung

Nachteile von KNN wurden u. a. bei der Gesichtserkennung genannt: oftmals ist für ein gutes Ergebnis des KNN eine sehr große Trainingsstichprobe notwendig. Außerdem dauern die Trainingsphasen durch notwendige hohe Rechenleistungen sehr lange. Diese Nachteile sind in einigen Bereichen von erheblicher Bedeutung. So ist bspw. in der Sprachverarbeitung eine simultane Verarbeitung notwendig, weil sonst die Funktionalität eines SES mit KNN nicht mehr gegeben ist. Es können KNN z.B. für die automatische Auskunft über Zugverbindungen eingesetzt werden. Dazu ist die schnelle Erkennung der gesprochenen Worte des Auskunftssuchenden und die schnelle (und richtige) Antwort des SES nötig. Diese Probleme lassen sich meines Erachtens durch technische Entwicklung beseitigen.

4.3   Ausblick

Die technische Entwicklung der Computer und ebenso der künstlichen neuronalen Netze (und allgemein der künstlichen Intelligenz) schreitet sehr schnell voran. Wurde 1993 (siehe 3.4.2) noch ein 386 PC eingesetzt, der wahrscheinlich über 33 oder 66 MHz verfügte, existieren heute (2001) Computer, deren Leistung in Gigahertzbereichen (1000 Megahertz = 1 Gigahertz) liegt. Die Verarbeitungsdauer von KNN wird also erheblich verkürzt und wird zukünftig kein Problem darstellen. Die Verbesserung der Fehlerquote von KNN wird durch Netze höherer Ordnung drastisch gesenkt. Auch die Trainingsstichproben werden um ein Vielfaches reduziert. Daher wachsen die Einsatzmöglichkeiten von KNN täglich. Gerade im Rahmen der modernen Kommunikationsmittel wie Handys, Organizer, Internet, Email usw. werden Mustererkennungsaufgaben mit KNN gelöst. Die computergesteuerte Handschrifterkennung wird bspw. für sogenannte Palm-Tops wichtig. Das sind elektronische Kalender, in die handschriftlich Daten eingegeben werden. Auch im Rahmen von elektronischer Post (Email) wird die Frage der elektronischen Unterschriftenverifikation immer bedeutsamer.

Die Spracherkennung gewinnt zunehmend an Bedeutung für den Einsatz von Headsets und Freisprecheinrichtungen von Handys während der Autofahrt. Hierbei wird der Filterung von Störgeräuschen durch KNN entscheidende Bedeutung zugemessen. In modernen Navigationssystemen kommt die Objekterkennung von bewegten 3D-Objekten zum Einsatz.

Auch in der Medizin wird verstärkt mit Computern gearbeitet. Nicht nur in der Behandlung selbst (z. B. computergesteuerte Chirurgie) sondern in der Diagnose können KNN eingesetzt werden. Allerdings sind Akzeptanzprobleme der Patienten noch zu überwinden.

Im Militär wird zunehmend auf den Einsatz von Menschen in der Kriegsführung verzichtet und der Einsatz von Robotern oder computergesteuerten Waffen verstärkt. Dadurch werden nicht nur Menschenleben geschützt, sondern auch Fehler durch menschliches Versagen vermieden.

Die Liste der Einsatzmöglichkeiten kann noch vielfach erweitert werden, da künstliche neuronale Netze und ihr Einsatz zur Mustererkennung hohe Aktualität und Entwicklungsmöglichkeiten bieten und meiner Meinung nach noch an Bedeutung gewinnen werden.

Literaturverzeichnis

ALEX, B.: Künstliche neuronale Netze in Management-Informationssystemen. Wiesbaden, 1998

BERNS, K./ KOLB, T.: Neuronale Netze für technische Anwendungen. Berlin/Heidelberg, 1994

GRAUEL, GRUNDMANN und STORK: Sprachverarbeitung in neuronaler Architektur. in: PÖPPL, S.J. und HANDELS, H. (Hrsg.): Mustererkennung 1993 15. DAGM-Symposium, Berlin/Heidelberg, 1993

HENKEL, R./KRESSEL, U.: Konfigurieren und Trainieren von Multilayer-Perzeptrons am Beispiel der Ziffernerkennung in: FUCHS, S. und HOFF-MANN, R. (Hrsg.): Mustererkennung 1992 14. DAGM-Symposium, Berlin/Heidelberg, 1992

HEUER, J.: Neuronale Netze in der Industrie. Wiesbaden, 1997

HOFFMANN, N.: Kleines Handbuch Neuronale Netze. Braunschweig/Wiesbaden, 1993

JIANG, X.: Effiziente Mustererkennung durch spezielle neuronale Netze. Hamburg, 1997

LILIENBLUM, T./GÜNTHER, G. et al..: Fehlersuche der Oberflächenform durch 3D-Vermessung und Auswertung mit einem künstlichen neuronalen Netz in: LEVI, P. u.a.; SCHANZ, M. (Hrsg.): Mustererkennung 1998 20.DAGM-Symposium. Stuttgart, 1998

NEUBAUER, C.: Modellierung visueller Erkennungsvorgänge mit Neuronalen Netzen. Erlangen, 1995

NIEMANN, H.: Methoden der Mustererkennung. Frankfurt, 1974

o.V.: Meile Neuronale Netze. http://rfhs8012.fh-regensburg.de/~saj39122/meile/indexG.htm, Druckdatum 03.03.2001

RIGOLL, G.: Neuronale Netze. Eine Einführung für Ingenieure, Informatiker und Naturwissenschaftler. Renningen-Malmsheim, 1994

SCHUKAT-TALAMAZZINI, E. G.: Automatische Spracherkennung. Braunschweig/Wiesbaden, 1995

SHAPIRO, St.C.: Encyclopedia of Artificial Intelligence (2nd Edition) Vol. 2. Canada, 1992

SPECKMANN, H.: Dem Denken abgeschaut. Braunschweig/Wiesbaden, 1996

UWECHUE, O.A.; PANDYA, A.S.: Human face recognition using third-order synthetic neural networks. Massachusetts, 1997

VEY, St. und BERMBACH, R.: Entwicklung eines lernfähigen Objekterkennungs-
systems in: RADIG, B. (Hrsg.): Mustererkennung 1991 13. DAGM Sympo-
sium. Berlin/Heidelberg, 1991

Website von der IBM-Software „ViaVoice™" in Zusammenarbeit mit Linguatec
Sprachtechnologien GmbH (gesehen am: 31.03.2001)
http://www.spracherkennung.de/service/sebuch.htm: Artikel zum Thema
Spracherkennung in Anlehnung an: IHM, Harry: Das große Spracherken-
nungsbuch